LIBRO DE COCINA DE BUÑUELOS FÁCILES

100 RECETAS FÁCILES Y RÁPIDAS PARA GENTE INTELIGENTE

JULIO GALINDO

Reservados todos los derechos.

Descargo de responsabilidad

INTRODUCCIÓN

Por definición, los buñuelos son básicamente alimentos fritos categorizados en tres categorías:

- Pasteles fritos de pasta Chou o masa de levadura.

- Trozos de carne, mariscos, verduras o frutas rebozados y fritos.

- Pequeñas tortas de comida picada rebozada, como buñuelos de maíz.

Los buñuelos son un alimento extremadamente versátil. Pueden ser una guarnición, un aperitivo, un refrigerio o un postre. Fueron introducidos originalmente en Japón en el siglo XVI y han sido cada vez más populares en esta década.

Consejos básicos para empezar

1. No le tengas miedo al aceite. Asegúrate de agregar suficiente a la sartén, ya que ayudará a dar un toque crujiente, buen color y delicioso sabor a los buñuelos.

2. ¡Déjalo chisporrotear! Su sartén debe calentarse adecuadamente antes de cocinar. Si el buñuelo no chisporrotea cuando golpea la sartén, ¡sabrá que no está listo!

3. No abarrotes la sartén, ya que esto hace que la temperatura de la sartén baje, lo que da como resultado buñuelos flojos y poco cocidos.

La fórmula básica

Verduras + Aromáticos y especias + Queso + Agente aglutinante

BUÑUELOS DE CEREALES, NUECES Y SEMILLAS

1. Buñuelos rápidos de arroz integral

Rendimiento: 6 porciones

Ingrediente

- 2 tazas de arroz integral cocido de grano corto

- $\frac{1}{2}$ taza de azúcar

- 3 Huevos; vencido

- $\frac{1}{2}$ cucharadita de sal

- $\frac{1}{4}$ de cucharadita de vainilla

- 6 cucharadas de harina

- $\frac{1}{2}$ cucharadita de nuez moscada

- 3 cucharaditas de polvo de hornear

Combine el arroz, los huevos, la vainilla y la nuez moscada y mezcle bien.

Tamice los ingredientes secos y revuélvalos con la mezcla de arroz. Vierta cucharadas en grasa honda caliente (360 °) y fría hasta que se dore.

Escurrir sobre papel absorbente, espolvorear con azúcar glass y servir caliente.

2. Frituras de maíz

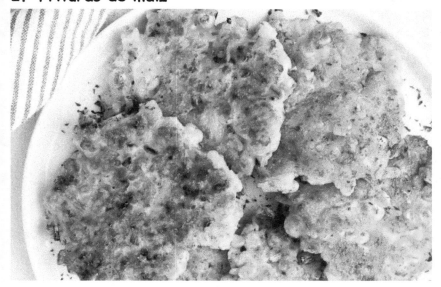

Rendimiento: 4 porciones

Ingrediente

- 10 onzas de crema congelada gigante verde estilo

- Aceite de maíz para freír

- $\frac{1}{2}$ taza de harina

- $\frac{1}{2}$ taza de harina de maíz amarilla

- 1 cucharadita de levadura en polvo

- 1 cucharadita de cebolla picada instantánea

- $\frac{1}{2}$ cucharadita de sal

- 2 Huevos

Coloque la bolsa de maíz sin abrir en agua tibia durante 10 a 15 minutos para descongelar.

En una freidora o una cacerola pesada, caliente de 2 a 3 pulgadas de aceite a 375 grados. En un tazón mediano, combine el maíz descongelado y los ingredientes restantes; revuelva hasta que esté bien combinado.

Deje caer la masa por cucharadas rasas en aceite caliente, 375 grados. Freír de 2 a 3 minutos o hasta que se doren. Escurrir sobre papel toalla

3. Buñuelos de guisantes de ojos negros

Rendimiento: 20 porciones

Ingrediente

- ½ libras Guisantes de ojos negros, empapados

- 4 dientes de ajo de cada uno, triturados

- 2 cucharaditas de sal

- 1 cucharadita de pimienta negra

- 4 cucharadas de agua

- Aceite para freír

- Jugo de lima al gusto

Cuando los guisantes se hayan ablandado, frote la piel y déjelos en remojo durante 30 minutos más.

Escurrir y enjuagar.

En un procesador de alimentos, procese los guisantes, el ajo, la sal y la pimienta.

Agregue agua mientras continúa procesando. Agregue suficiente agua para obtener un puré suave y espeso.

Precaliente el horno a 250F. En una sartén grande, caliente de 2 a 3 pulgadas de aceite y fríe 1 tarrina de la masa hasta que esté dorada. Repita hasta que toda la masa se haya frito de esta manera. Mantener en el horno para mantenerlo caliente. Sirva bien caliente, espolvoreado con sal y jugo de limón.

4. Croquetas de arroz

Rendimiento: 12 porciones

Ingrediente

- 1 paquete de levadura seca

- 2 cucharadas   Agua tibia

- $1\frac{1}{2}$ taza de arroz cocido; enfriado

- 3 Huevos; vencido

- $1\frac{1}{2}$ taza de harina

- $\frac{1}{2}$ taza de azúcar

- $\frac{1}{2}$ cucharadita de sal

- $\frac{1}{4}$ de cucharadita de nuez moscada

- Grasa para freír

- Azúcar de repostería

Disolver la levadura en agua tibia. Mezclar con arroz y dejar reposar en un lugar cálido durante la noche. Al día siguiente, agregue los huevos, la harina, el azúcar, la sal y la nuez moscada.

Agregue más harina si es necesario para hacer una masa espesa. Caliente la grasa a 370 grados o hasta que un cubo de pan de 1 pulgada se dore en 60 segundos. Deje caer la masa de una cucharada en la grasa caliente y fría hasta que estén doradas, aproximadamente 3 minutos.

Escurrir sobre papel toalla y espolvorear con azúcar glass. Servir caliente

5. Buñuelos de arándanos / maíz

Rendimiento: 6 porciones

Ingrediente

- ⅔ taza de harina

- ⅓ taza de maicena

- 2 cucharadas de azúcar

- 1 cucharadita de levadura en polvo

- ½ cucharadita de sal

- ¼ de cucharada de nuez moscada molida

- ⅓ taza de leche

- 2 Huevo, separados

- Aceite vegetal

- 1½ taza de arándanos

- Azúcar de repostería y miel

En un tazón mediano, mezcle la harina, la maicena, el azúcar, el polvo de hornear, la sal y la nuez moscada.

En una taza medidora de 2 tazas, mezcle la leche, las yemas de huevo y el aceite. Vierta en la mezcla de harina. Mezclar bien. La masa estará rígida. Agrega los arándanos. Dejar de lado.

En un tazón pequeño con una batidora a temperatura alta, bata las claras de huevo hasta que se formen picos rígidos. Con una espátula de goma, doble suavemente la mitad de las claras de huevo batidas en la masa hasta que esté bien mezclado. Luego, incorpore las claras de huevo batidas restantes a la masa,

Agregue con cuidado la masa de buñuelos por cucharadas, unas pocas a la vez, al aceite caliente. Freír durante 3-4 minutos, volteando una vez, o hasta que los buñuelos estén dorados.

6. Buñuelos de maíz con salsa para mojar

Rendimiento: 8 porciones

Ingrediente

- 2 huevos grandes; vencido

- $\frac{3}{4}$ taza de leche

- 1 cucharadita de comino molido

- 2 tazas de harina

- Sal y pimienta para probar

- 2 tazas de granos de maíz

- 3 cucharadas de perejil; Cortado

Salsa de naranja picante

- $\frac{1}{2}$ taza de mermelada de naranja

- $1\frac{3}{8}$ taza de jugo de naranja fresco

- 1 cucharada de jengibre; rallado

- $\frac{1}{2}$ cucharadita de mostaza estilo Dijon

En un tazón, bata los huevos y la leche. En otro bol, revuelva el comino sobre la harina. Sazone bien con sal y pimienta.

Batir la mezcla de huevo con la harina con un batidor. Agregue el maíz y el perejil. Caliente el aceite a 375 °. Coloque la mezcla de maíz en la grasa caliente sin llenar la sartén. Freír, dando vuelta una vez, hasta que estén doradas.

Retirar y escurrir sobre toallas de papel. Combine los ingredientes de la salsa y sirva.

7. Buñuelos de carnaval

Rendimiento: 18 porciones

Ingrediente

- 1 taza de agua caliente

- 8 cucharadas de mantequilla sin sal

- 1 cucharada de azúcar

- ½ cucharadita de sal

- 1 taza de harina para todo uso, tamizada

- 4 huevos

- 1 cucharadita de cáscara de naranja recién rallada

- 1 cucharadita de cáscara de limón recién rallada

- 4 tazas de aceite de maní

- Azúcar de repostería

Combine el agua, la mantequilla, el azúcar y la sal en una cacerola pequeña y deje hervir. Cuando la mantequilla se derrita, agregue la harina. Revuelva vigorosamente con un batidor.

Agrega los huevos, uno a la vez, batiendo vigorosamente con una cuchara después de cada adición. Agrega la naranja rallada y las cáscaras de limón.

En una sartén profunda, caliente el aceite de maní a 300 ° F.

Deje caer la masa por cucharadas en el aceite caliente, no más de 4 o 5 a la vez. Cuando los buñuelos estén dorados e inflados, retirarlos con una espumadera, escurrir sobre toallas de papel y espolvorear con azúcar glass.

8. Buñuelos de garbanzos con salsa de pera

Rendimiento: 1 porción

Ingrediente

- 1½ taza de garbanzos cocidos, escurridos

- 1 cucharadita de sal

- 1 mediano   Papa de Idaho

- 1 cebolla pequeña, rallada gruesa

- 1 cucharada de harina

- 2 cucharaditas de salsa picante

- 3 Claras de huevo, ligeramente batidas

- 2 Tomates ciruela italianos

- 2 Peras firmes peladas, sin corazón y cortadas en cubitos

- 1 cucharada de jugo de limón fresco

- 6 grandes   Cebolletas picadas

- 1 cucharada de chiles jalapeños

- 1 cucharada de vinagre de vino de Jerez

- 1 cucharadita de miel

En un tazón mediano, combine la papa, la cebolla, la harina y la salsa de pimiento picante. Mezclar bien para mezclar. Agregue los garbanzos y las claras de huevo y mezcle.

Deje caer cucharadas redondeadas de la masa en la sartén, dejando espacio para que se esparzan. Cocine a fuego moderadamente alto hasta que estén doradas.

Sirva con Salsa de Pera Zesty

9. Buñuelos de garbanzos con cuscús

Rendimiento: 1 porción

Ingrediente

- 7 onzas cuscús,cocido

- ½ pepino pequeño

- 2 Tomates ciruela; (pelado, sin semillas, cortado en cubitos)

- 1 lima

- 6 Cebollas verdes; recortado

- 1 lata (14 oz) de garbanzos escurridos y enjuagados

- ½ cucharadita de cilantro o cilantro y menta

- 1 chile rojo; sin semillas finamente picado

- 1 diente de ajo

- Harina común para espolvorear

- 5 onzas Yogur FF

- Sal y pimienta recién molida

- Pimentón / Comino al gusto

Agregue los tomates y el perejil al cuscús. Cortar la lima por la mitad y exprimir el jugo. Pica finamente las cebolletas en el cuscús.

Agregue el comino, el cilantro / cilantro, el chile y las hojas de cilantro / cilantro. Picar el diente de ajo y agregar. Coloque el pepino en un tazón y agregue el yogur, pique la menta y agregue un montón de condimentos. Mezclar bien

Forme 6 hamburguesas con la mezcla de garbanzos y espolvoree ligeramente con harina. Agrega a la sartén y cocina por unos minutos.

10. Buñuelos de maíz y pimiento

Rendimiento: 12 Buñuelos

Ingrediente

- $1\frac{1}{4}$ taza de maíz, integral, fresco o congelado

- 1 taza de pimiento morrón rojo; picado muy fino

- 1 taza de cebolletas; picado muy fino

- 1 cucharadita de jalapeño; finamente picado

- 1 cucharadita de comino molido

- $1\frac{1}{4}$ taza de harina

- 2 cucharaditas de polvo de hornear

- Sal; probar

- Pimienta negra; probar

- 1 taza de leche

- 4 cucharadas de aceite

Coloque el maíz en un tazón junto con el pimiento picado, las cebolletas y el pimiento picante. Espolvorea con el comino, la harina, el polvo de hornear, la sal y la pimienta; revuelva para mezclar. Agregue la leche y revuelva para mezclar bien.

Vierta la mezcla en lotes de $\frac{1}{4}$ de taza en la sartén y cocine hasta que estén dorados por ambos lados, aproximadamente 2 minutos cada uno.

11. Buñuelos de Janucá

Rendimiento: 1 porción

Ingrediente

- 2 Levadura, sobres secos activos Agua tibia

- 2½ taza de harina; sin blanquear hasta 3 sal

- 2 cucharaditas de semillas de anís

- 2 cucharadas   Aceite de oliva

- 1 taza de pasas; oscuro sin semillas

- 1 taza de aceite de oliva para freír

- 1½ taza de miel

- 2 cucharadas de jugo de limón

Combine la harina, la sal y las semillas de anís en un tazón. Agrega gradualmente la levadura disuelta y las 2 cucharadas de aceite de oliva. Amasar hasta que la masa esté suave y elástica.

Extienda las pasas sobre la superficie de trabajo y amase la masa sobre ellas. Forma una bola.

Calentar el aceite y freír los diamantes de a poco, dando vuelta, hasta que estén dorados por ambos lados.

Calentar la miel en una cacerola con 2 cucharadas de jugo de limón y dejar hervir por solo 3 minutos. Disponer en un plato para servir y verter la miel caliente sobre ellos.

BUÑUELOS DE VEGETAL

12. Buñuelos de okra

Rendimiento: 1 porción

Ingrediente

- 1 taza de harina sin blanquear tamizada

- 1½ cucharadita de polvo de hornear

- 2 cucharaditas de sal

- ¼ de cucharadita de pimienta negra molida

- ¼ de cucharadita de nuez moscada rallada

- 1 pizca de Cayena

- 2 tazas de okra fresca, en rodajas finas

Combina bien los ingredientes

Deje caer cucharaditas en aceite. Cocine hasta que estén doradas, 3-5 minutos hasta que floten y luego déles la vuelta.

Escurrir sobre toallas de papel y servir caliente con salsa si lo desea.

13. Buñuelos de frijoles

Rendimiento: 24 Buñuelos

Ingrediente

- 1 taza de guisantes de ojos negros

- 2 Pimienta roja picante; sin semillas, picado

- 2 cucharaditas de sal

- Aceite vegetal; para freír

Remoje los frijoles durante la noche en agua fría. Escurrir, frotar y desechar la piel, cubrir nuevamente los frijoles con agua fría y remojar durante 2-3 horas más. Escurrir, enjuagar y pasar por una picadora de carne con la cuchilla más fina, o reducir poco a poco en una batidora eléctrica. Moler los pimientos. Agregue la sal y los pimientos a los frijoles y bata con una cuchara de madera hasta que estén livianos y esponjosos y aumenten considerablemente su volumen.

Calentar el aceite en una sartén pesada y freír la mezcla a cucharadas hasta que se doren por ambos lados. Escurrir sobre toallas de papel. Sirva caliente como acompañamiento de bebidas.

14. Buñuelos de camote con jengibre

Rendimiento: 1 porción

Ingrediente

- A; (1/2 libra) de camote

- $1\frac{1}{2}$ cucharadita de jengibre fresco, pelado y picado

- 2 cucharaditas de jugo de limón fresco

- $\frac{1}{4}$ de cucharadita de hojuelas de pimiento rojo picante seco

- $\frac{1}{4}$ de cucharadita de sal

- 1 huevo grande

- 5 cucharadas de harina para todo uso

- Aceite vegetal para freír

En un robot de cocina picar finamente la batata rallada con la raíz de jengibre, el jugo de limón, el pimiento rojo en hojuelas y la sal, agregar el huevo y la harina, y licuar bien la mezcla.

En una cacerola grande, caliente $1\frac{1}{2}$ pulgadas de aceite y vierta cucharadas de la mezcla de camote en el aceite hasta que estén doradas.

Transfiera los buñuelos a toallas de papel para escurrir.

15. Buñuelos de berenjena

Rendimiento: 6 porciones

Ingrediente

- 2 Huevos batidos

- Sal al gusto

- 2 cucharadas   Leche

- 2 Berenjenas (berenjenas), finamente rebanadas

- Aceite para freír

Mezcle los huevos, la sal y la leche para hacer una masa. Sumerja las rodajas de berenjena en la masa y fría las rodajas de berenjena recubiertas en el aceite a fuego moderado hasta que se doren uniformemente.

16. Buñuelos de alcachofa

Rendimiento: 6 porciones

Ingrediente

- $\frac{1}{2}$ libras Corazones de alcachofa, cocidos y cortados en cubitos

- 4 Huevos separados

- 1 cucharadita de levadura en polvo

- 3 cebollas verdes, picadas

- 1 cucharada de piel de limón rallada

- $\frac{1}{2}$ taza de harina

- Sal y pimienta para probar

- 1 cucharada de maicena

- 4 tazas de aceite para freír, aceite de maní o maíz

Coloque los corazones de alcachofa en un tazón grande y agregue las yemas de huevo y el polvo de hornear. Agrega la cebolla verde. Incorporar la cáscara de limón. Agrega la harina, la sal y la pimienta. En un recipiente aparte, bata las claras de huevo y la maicena hasta que se formen picos. Incorpora las claras de huevo a la mezcla de alcachofas.

Con una cucharada, vierta cucharadas del tamaño de medio dólar de masa para buñuelos en el aceite. Freír hasta que estén doradas.

Retirar los buñuelos con una espumadera y escurrir sobre toallas de papel.

17. Buñuelos de acelgas y ruibarbo

Rendimiento: 1 porción

Ingrediente

- 8 tallos de acelga ruibarbo

- 1 taza de harina

- $\frac{1}{2}$ cucharadita de sal

- $\frac{1}{8}$ cucharadita de pimentón

- 1 huevo, ligeramente batido

- 2 cucharadas de aceite o mantequilla derretida

- $\frac{2}{3}$ taza de leche

- Aceite para freír

Mezcle harina, sal, pimentón, huevo, aceite o mantequilla y leche.

Sumerja trozos de tallo en esta masa, cubriéndolos bien. Freír en grasa profunda calentada a 375 F o hasta que esté lo suficientemente caliente como para dorar un cubo de pan de 1 pulgada en 1 minuto.

Escurrir sobre papel marrón en un horno caliente.

18. Buñuelos de higos

Rendimiento: 24 higos

Ingrediente

- 24 higos maduros firmes

- 2 huevos, separados

- $\frac{5}{8}$ taza de leche

- 1 cucharada de aceite

- 1 pizca de sal

- Cáscara de limón rallada

- 20½ onzas de harina

- 1 cucharada de azúcar

- Aceite para freír

En un bol batir las yemas de huevo con la leche, el aceite, la sal y la ralladura de limón. Agregue la harina y el azúcar y combine bien. Refrigera la masa por 2 horas.

Batir las claras de huevo hasta que estén firmes e incorporarlas a la masa. Sumerge los higos en la masa y fríelos en aceite hondo caliente hasta que estén dorados.

Escurrir brevemente y espolvorear con azúcar. De la misma forma se pueden preparar albaricoques, plátanos y otras frutas.

19. Verduras mixtas con buñuelos de nabo

Rendimiento: 6 porciones

Ingrediente

- ¼ taza de mantequilla

- 1 taza de cebolla picada

- 1 taza de cebollas verdes picadas

- 2 tallos de apio picados

- 2 cucharadas de raíz de jengibre finamente picada

- 2 dientes de ajo finamente picados

- 1 libra   Baby nabos con puntas verdes

- 10 tazas de agua

- 2 cubos de caldo de pollo extra grandes

- $\frac{1}{2}$ taza de vino blanco seco o agua

- $\frac{1}{4}$ taza de maicena

- 6 tazas de hojas de espinaca frescas enteras empaquetadas

- $1\frac{1}{4}$ cucharadita de pimienta negra molida

- $\frac{1}{2}$ cucharadita de sal

- $\frac{1}{4}$ de taza de harina para todo uso sin tamizar

- 1 huevo grande, ligeramente batido

- Aceite vegetal para freír

Prepara las verduras.

Ralle toscamente los nabos enfriados. Combine los nabos rallados, la harina, el huevo y $\frac{1}{4}$ t restante de pimienta y sal.

Agregue cucharaditas colmadas de la mezcla de buñuelos a la sartén y fría, volteando, hasta que se doren por ambos lados.

20. Buñuelos de calabacín de postre

Rendimiento: 2 porciones

Ingrediente

- 2 huevos

- ⅔ taza de requesón bajo en grasa

- 2 rebanadas de pan blanco o WW desmenuzado

- 6 cucharaditas de azúcar

- 1 pizca de sal

- ½ cucharadita de polvo de hornear

- 2 cucharaditas de aceite vegetal

- 1 cucharadita de extracto de vainilla

- $\frac{1}{2}$ cucharadita de canela molida

- $\frac{1}{4}$ de cucharadita de nuez moscada molida

- $\frac{1}{8}$ cucharadita de pimienta gorda molida

- 2 cucharadas de pasas

- 1 taza de calabacín finalmente rallado sin pelar

Combine todos los ingredientes excepto las pasas y el calabacín. Mezclar hasta que esté suave. Vierta la mezcla en un bol. Agregue el calabacín y las pasas a la mezcla de huevo.

Precaliente una sartén o plancha antiadherente a fuego medio alto. Coloque la masa en la plancha con una cuchara grande, haciendo pasteles de 4 pulgadas. Gire los buñuelos con cuidado cuando los bordes parezcan secos.

21. Buñuelos de puerro

Rendimiento: 4 porciones

Ingrediente

- 4 tazas de puerros picados; (alrededor de 2 libras)

- 1 cucharada de aceite vegetal

- 1 cucharada de mantequilla

- 2 tazas de acedera picada

- 2 huevos

- $\frac{1}{4}$ taza de harina

- $\frac{1}{4}$ de cucharadita de cáscara de limón seca

- $\frac{1}{4}$ de cucharadita de curry dulce en polvo

- $\frac{1}{4}$ de cucharadita de pimienta blanca

- $\frac{1}{2}$ cucharadita de sal

- Crema agria

Saltee los puerros en el aceite y la mantequilla durante unos 7 minutos, hasta que estén cocidos, pero no dorados.

Agregue acedera y cocine otros 7 minutos, más o menos, hasta que se ablanden. Cuando esté frío, mezcle los huevos, la harina y los condimentos. Agregue a los puerros.

En una sartén, caliente aproximadamente $\frac{1}{4}$ de taza de aceite vegetal. Sirva suficiente mezcla de puerros para hacer un panqueque de 2 $\frac{1}{2}$ "-3". Cocine 2-3 minutos por el primer lado, hasta que estén ligeramente dorados, dé vuelta y cocine unos 2 minutos por el segundo lado.

Escurrir sobre papel toalla y servir.

22. Buñuelos de lentejas y vinagreta de remolacha

Rendimiento: 4 porciones

Ingrediente

- $\frac{1}{4}$ de libra de lentejas rojas; cocido

- 1 cucharada de eneldo fresco picado

- 1 cucharadita de pimentón

- $\frac{1}{2}$ cucharadita de sal

- $\frac{3}{4}$ libras Patatas rojas; pelado

- Aceite de oliva; para freír

- $\frac{1}{4}$ libras Hojas de remolacha; tallos quitados

- 1 cucharada de vinagre balsámico

- $\frac{1}{2}$ cucharadita de mostaza molida a la piedra

- $\frac{1}{2}$ cucharadita de alcaparras

- Sal

- Pimienta negra recién molida

- 3 cucharadas de aceite de oliva virgen extra

Coloque el puré de lentejas en un tazón, agregue el eneldo, el pimentón y $\frac{1}{2}$ cucharadita de sal. Ralle las papas en el tazón y revuelva para mezclar.

Formar buñuelos del tamaño de medio dólar con la mezcla de lentejas y freír en una fina capa de aceite hasta que se doren.

Aderezo: Coloque el vinagre, la mostaza, las alcaparras, la sal y la pimienta en un tazón pequeño. Batir el aceite de oliva hasta que se mezcle. Hierva las hojas de remolacha en agua con sal hasta que se ablanden. Atender

23. Buñuelo de berenjena

Rendimiento: 4 porciones

Ingrediente

- 1 berenjena pequeña

- 1 cucharadita de vinagre

- 1 huevo

- $\frac{1}{4}$ de cucharadita de sal

- 3 cucharadas de harina

- $\frac{1}{2}$ cucharadita de polvo de hornear

Pelar y cortar la berenjena en rodajas. Cocine hasta que estén tiernos en agua hirviendo con sal. Agregue vinagre y deje reposar por un minuto para evitar la decoloración. Escurrir la berenjena y hacer puré. Batir los demás ingredientes y colocarlos de una cuchara en la grasa caliente, dando vuelta a los buñuelos para que se doren uniformemente. Escurrir bien sobre toallas de papel y mantener caliente.

Se pueden agregar cebollas finamente picadas, perejil, etc.

24. Buñuelos de zanahoria al curry

Rendimiento: 1 porción

Ingrediente

- $\frac{1}{2}$ taza de harina

- 1 huevo, ligeramente batido

- 1 cucharadita de curry en polvo

- $\frac{1}{2}$ libra de zanahorias

- $\frac{1}{4}$ de cucharadita de sal

- $\frac{1}{2}$ taza de cerveza sin alcohol

- 1 clara de huevo

Combine harina, sal, huevo, 1 cucharada de aceite vegetal y cerveza para hacer una masa suave.

Agregue el curry en polvo y revuelva. Bate la clara de huevo hasta que esté rígida y dóblala hasta formar una masa. Incorpora las zanahorias con cuidado.

Deje caer cucharadas grandes de la mezcla en aceite vegetal a 375 grados y cocine aproximadamente un minuto por cada lado.

25. Buñuelos de guisantes fritos

Rendimiento: 4 porciones

Ingrediente

- 2 tazas de guisantes de campo (cocidos)

- 1 taza de harina

- 2 cucharaditas de polvo de hornear

- 1 cucharadita de pimienta

- $\frac{1}{2}$ cucharadita de sal

- 1 cucharada de curry en polvo

- 2 huevos

- 1½ taza de leche

Mezcle todos los ingredientes secos. Batir los huevos y la leche. Agregue a la mezcla de harina. Agregue suavemente los guisantes cocidos.

Deje caer de una cuchara a ¾ de pulgada de grasa caliente. Freír hasta que estén ligeramente dorados. Para 4 a 5 porciones

26. Buñuelos de patata rellenos

Rendimiento: 1 porción

Ingrediente

- ¼ taza de aceite de maíz

- 3 cebollas medianas (1-1 / 2 tazas); Cortado

- 1 libra   Carne molida

- 1 cucharadita de sal

- ½ cucharadita de pimienta

- 3 libras de papas; cocido y triturado

- 1 huevo; vencido

- 1 cucharadita de sal; o al gusto

- $\frac{1}{2}$ cucharadita de canela molida

- $\frac{1}{2}$ cucharadita de pimienta

- 1 taza de harina de matzá

Caliente el aceite en una sartén y sofría las cebollas a fuego moderado hasta que estén doradas. Agregue carne, sal y pimienta, y saltee hasta que la mezcla esté seca y todo el líquido se haya evaporado. Agrega puré de papas.

Forme $\frac{1}{2}$ taza de masa de papa en un círculo en la palma de la mano. Coloque 1 relleno generoso en el centro y doble la masa en forma de salchicha ligeramente aplanada.

Freír en aceite a fuego moderado hasta que se doren por ambos lados.

27. Buñuelos de setas

Rendimiento: 6 porciones

Ingrediente

- 1 taza de harina para todo uso

- 1 Lata de cerveza de 12 oz

- $1\frac{1}{2}$ cucharadita de sal

- $\frac{1}{4}$ de cucharadita de pimienta negra

- 1 cucharadita de pimentón

- 1 libra   Hongos

- Jugo de limon

- Sal

- 4 tazas de aceite para freír

Prepare la masa mezclando todo excepto los champiñones, la sal y el limón hasta que quede suave.

Espolvorea los champiñones con un poco de jugo de limón y sal.

Sumerja un champiñón en la masa y colóquelo en aceite caliente hasta que esté dorado. Mantenga los champiñones que ya están cocidos en una hoja forrada con papel absorbente en un horno bajo.

28. Bhajiyas de cebolla / buñuelos de cebolla

Rendimiento: 6 porciones

Ingrediente

- 1½ taza de harina de lentejas o garbanzos

- 1 cucharadita de sal o al gusto

- 1 pizca de bicarbonato de sodio

- 1 cucharada de arroz molido

- Una pizca de comino / chile en polvo / cilantro

- 1 a 2 chiles verdes frescos

- 2 cebollas grandes, cortadas en aros y separadas

- Aceite para freír

Tamizar la harina y agregar sal, bicarbonato de sodio, arroz molido, comino, cilantro, chile en polvo y chiles verdes; mezclar bien. Ahora agregue las cebollas y mezcle bien.

Poco a poco agregue agua y siga mezclando hasta que se forme una masa suave y espesa.

Calentar el aceite y freír los buñuelos suavemente para asegurarse de que la masa en el centro se mantenga suave, mientras que el exterior se torne dorado y crujiente. Esto debería tomar alrededor de 12 a 12 minutos cada lote.

Escurre los buñuelos sobre toallas de papel.

29. Pakora

Rendimiento: 12 porciones

Ingrediente

- 1 taza de harina de garbanzo

- ½ taza de harina para todo uso sin blanquear

- ½ cucharadita de bicarbonato de sodio

- ¾ cucharadita de Cremor tártaro

- ¼ de cucharadita de sal marina

- 1 cucharadita de comino en polvo y cilantro en polvo

- 1 cucharadita de cúrcuma y pimienta de cayena

- 2 cucharadas de jugo de limón

- 1 taza de papas en rodajas

- 1 taza de floretes de coliflor

- 1 taza de pimiento morrón picado

Licue las harinas, el bicarbonato de sodio, el crémor tártaro, la sal y las especias.

Bata poco a poco el agua y el jugo de limón para obtener una masa suave con la consistencia de una crema espesa. Dejar de lado.

Sumerja las verduras en la masa para cubrirlas. Sumerja en aceite caliente, volteando para cocinar uniformemente, hasta que estén doradas, aproximadamente 5 minutos. Retirar con una espumadera y escurrir sobre papel absorbente.

30. Buñuelos de chirivía y zanahoria

Rendimiento: 4 porciones

Ingrediente

- 225 gramos de chirivía; rallado

- 2 zanahorias medianas; rallado

- 1 cebolla; rallado

- 3 cucharadas de cebolletas frescas cortadas

- Sal y pimienta negra recién molida

- 2 huevos medianos

- $\frac{1}{2}$ paquete de salchichas de cerdo

- 100 gramos de queso cheddar fuerte

- 40 gramos de harina común

- 2 cucharadas de perejil fresco picado

Mezcle las chirivías, las zanahorias, la cebolla, el cebollino, el condimento y un huevo, hasta que estén bien mezclados. Divida en cuatro, aplanándose en panqueques rugosos.

Calentar una sartén grande y cocinar las salchichas durante 10 minutos, volteándolas de vez en cuando hasta que estén doradas.

Mientras tanto, agregue los panqueques a la sartén y fría durante 3 minutos por cada lado hasta que estén dorados.

Mezcle los ingredientes restantes para formar una pasta firme y enrolle en forma de tronco grande. Cortar en cuatro. Picar las salchichas y repartirlas entre los buñuelos. Cubra cada uno con una rebanada de queso.

Coloque debajo de la parrilla precalentada y cocine durante 5-8 minutos hasta que burbujee y se derrita. Sirva inmediatamente adornado con cebolletas y chutneys.

31.Pomme frites / patatine buñuelos

Rendimiento: 4 porciones

Ingrediente

- 1 libra   Patatas Russet

- 4 cuartos   aceite de oliva virgen

- Sal y pimienta

Corte las papas en rodajas del tamaño de un dedo del mismo tamaño y colóquelas en agua fría nueva.

Caliente el aceite a 385 F en una olla al doble del volumen de aceite

Agregue las papas un puñado a la vez y cocine hasta que estén doradas. Retirar y escurrir sobre papel, sazonar con sal y pimienta y servir con mayonesa.

32. Buñuelos de patata y nueces

Rendimiento: 4 porciones

Ingrediente

- 2 patatas hirviendo

- Sal

- 2 huevos grandes

- $\frac{1}{2}$ taza de nueces picadas

- Pimienta recién molida

- 5 tazas de aceite vegetal, para freír

Caliente el aceite para freír a 360 grados.

Haga buñuelos con la mezcla, pero no los mezcle con aceite.
Freír 2-3 minutos o hasta que estén dorados por todos lados.

Transfiera a una bandeja forrada con toallas de papel.

33. Buñuelos de calabaza

Rendimiento: 1 porción

Ingrediente

- 4 tazas de puré de calabaza cocida

- 2 huevos

- 1 taza de harina

- 1 pizca de sal

- 1 cucharadita de levadura en polvo

- 2 cucharadas soperas de azúcar

- 250 mililitros de azúcar

- 500 mililitros de agua

- 500 mililitros de leche

- 30 mililitros de margarina

- 20 mililitros de almidón de maíz mezclado con agua

Combine todos los ingredientes, haciendo una masa suave y fría cucharadas en aceite poco profundo hasta que ambos lados estén ligeramente dorados.

Escurrir sobre papel y servir tibio con azúcar de canela o salsa de caramelo.

34. Buñuelos de espinaca

Rendimiento: 4 porciones

Ingrediente

- 1 libra   Espinaca fresca u otra

- Vegetal de tu elección

- 3 huevos grandes

- 2 cucharadas de leche

- 1 cucharadita de sal

- $\frac{1}{2}$ cucharadita de pimienta

- 2 cucharadas de cebolla picada

- 1 cucharada de apio picado

- 1 cucharada de harina

- Aceite de cocina

Enjuagar bien las espinacas, escurrirlas y trocearlas bien.

Separar los huevos y batir las claras hasta que formen picos suaves.

Combine las yemas de huevo con la leche, la sal, la pimienta, la cebolla, el apio y la harina. Incorporar las claras de huevo batidas y las espinacas, mezclando bien.

Forme 8 hamburguesas de 3 pulgadas y fríalas en aceite de cocina hasta que se doren.

35. Buñuelos de tofu fritos

Rendimiento: 4 porciones

Ingrediente

- 50 gramos de harina con levadura

- Sal y pimienta recién molida

- Aceite vegetal para freír

- 285 g de tofu; cortar en trozos

- 2 cucharadas de azúcar en polvo

- 2 cucharadas de vinagre de vino tinto

- 300 gramos de bayas mixtas

- 2 chalotes; finamente cortado en cubitos

Prepara la salsa. Coloque el vinagre y el azúcar en una sartén y caliente suavemente para disolver el azúcar. Agregue las bayas y las chalotas y cocine a fuego lento durante 10 minutos hasta que se ablanden. Dejar enfriar.

Hacer la masa, colocar la harina en un bol y mezclar poco a poco con el agua.

Calentar el aceite en una sartén honda hasta que esté caliente. Sumerja el tofu en la masa y fríalo durante 1-2 minutos hasta que la masa esté crujiente.

36. Buñuelos de tomate

Rendimiento: 16 porciones

Ingrediente

- 1⅓ taza de tomates ciruela, sin semillas y cortados en cubitos

- ⅔ taza de calabacín, finamente picado

- ½ taza de cebolla finamente picada

- 2 cucharadas de hojas de menta picadas

- ½ taza de harina para todo uso

- $\frac{3}{4}$ cucharadita de polvo de hornear

- $\frac{1}{2}$ cucharadita de sal

- $\frac{1}{2}$ cucharadita de pimienta

- Pizca de canela

- Aceite de oliva para freír

Combine los tomates cortados en cubitos, el calabacín, la cebolla y la menta en un tazón pequeño.

Combine la harina, el polvo de hornear, la sal y la pimienta y la canela en un tazón mediano. Agregue las verduras a los ingredientes secos.

Caliente el aceite de oliva en una sartén antiadherente grande y vierta la masa con una cucharada redondeada en el aceite. Cocine hasta que se doren, aproximadamente 2 minutos por lado.

Escurrir sobre papel toalla, servir caliente.

BUÑUELOS DE FRUTAS

37. Buñuelos de manzana holandeses

Rendimiento: 4 porciones

Ingrediente

- 8 manzanas grandes peladas y sin corazón

- 2 tazas de harina para todo uso, tamizada

- 12 onzas de cerveza

- $\frac{1}{2}$ cucharadita de sal

- Aceite, manteca de cerdo o manteca vegetal

- Azúcar de repostería

Corte las manzanas peladas y sin corazón o córtelas en rodajas a ⅓ pulgada de ancho.

Combine la cerveza, la harina y la sal con un batidor, hasta que la mezcla esté suave, luego sumerja las rodajas de manzana en la mezcla.

Freír en grasa profunda o en 1 pulgada de aceite en una sartén pesada a 370 ° de temperatura de fritura. Drenar

38. Buñuelos de manzana y naranja

Rendimiento: 18 porciones

Ingrediente

- 1 taza de leche

- 1 naranja, cáscara y jugo

- 1 huevo batido

- 1 taza de manzanas, picadas gruesas

- 4 cucharadas de margarina

- 3 tazas de harina para pastel

- ¼ de taza) de azúcar

- 2 cucharaditas de polvo de hornear

- ½ cucharadita de sal

- 1 cucharadita de vainilla

Batir el huevo. En un tazón, combine la leche, el huevo y la margarina derretida. Agrega el jugo de naranja, la cáscara, las manzanas picadas y la vainilla.

Tamizar la harina, la sal y el polvo de hornear. Agregue la mezcla de leche con una cuchara hasta que se mezcle.

Precaliente el aceite en una sartén a 350 ~. Deje caer el extremo de la cucharada en aceite caliente. Freír hasta que se doren. Darles la vuelta para que se doren uniformemente. Dejar enfriar.

39. Buñuelos de plátano rebozados en tempura

Rendimiento: 1 porción

Ingrediente

- 5 plátanos

- Harina para dragar plátanos

- Aceite vegetal para freír

- 1 huevo

- 125 mililitros de harina tamizada

- 1/2 cucharadita bicarbonato de sodio

- Cariño

Mezcle los ingredientes de la masa con un batidor hasta que esté algo espumoso.

Corta los plátanos en trozos de 1 pulgada / $2\frac{1}{2}$ cm. Enróllelos en la harina hasta que estén ligeramente cubiertos.

Sumerge unos trozos de plátano en la masa y fríelos hasta que estén dorados. Escurrir sobre toallas de papel. Hágalo en lotes pequeños hasta que estén listos.

Caliente la miel en una cacerola hasta que esté líquida y caliente; vierta esto sobre los plátanos.

40. Buñuelos de albaricoque

Rendimiento: 8 porciones

Ingrediente

- 12 pequeños   Albaricoques

- 12 Almendras enteras

- 2 cucharadas de ron blanco

- $\frac{1}{2}$ taza de harina para todo uso sin blanquear

- $\frac{1}{2}$ taza de maicena

- 3 cucharadas de azúcar

- $\frac{1}{2}$ cucharadita de sal

- $\frac{1}{2}$ cucharadita de canela

- $\frac{1}{2}$ cucharadita de polvo de hornear

- $\frac{1}{2}$ taza de agua; más

- 1 cucharada de agua

- 3 cucharadas de mantequilla derretida

- $1\frac{1}{2}$ cuarto de aceite vegetal; para freír

- Azúcar de repostería

Coloque los albaricoques en un bol y espolvoree los lados cortados con el ron.

Para la masa, combine los ingredientes secos en un tazón y mezcle el agua, luego la mantequilla derretida.

Con un tenedor, sumerja los albaricoques en la masa hasta que estén dorados y los albaricoques estén cocidos.

41. Buñuelos de plátano Benya

Rendimiento: 1 porción

Ingrediente

- 1 paquete de levadura

- 1 taza de agua caliente

- Azúcar

- 10 Plátanos muy suaves

- 3 cucharadas de canela

- 2 cucharadas de nuez moscada

- $2\frac{1}{2}$ libras de harina

- 1½ libras de azúcar

- Corteza rallada de naranja

- ¼ de cucharadita de sal

Agregue la levadura al agua caliente y espolvoree un poco de azúcar. Cubra y deje reposar para que comience el proceso de lechado.

Triture bien los plátanos en un tazón grande para mezclar con levadura. Agrega la canela, la nuez moscada, la harina, el azúcar, la cáscara de naranja rallada y la sal. Mezclar bien y dejar reposar durante la noche. La mezcla aumentará y se triplicará en cantidad.

Dejar caer a cucharadas en grasa profunda; freír hasta que se dore. Sirva caliente o frío.

42. Buñuelo de langostinos y plátano

Rendimiento: 1 porción

Ingrediente

- 4 langostinos regordetes

- 1 plátano

- 8 onzas Harina de maíz

- 8 onzas de harina común

- 1 onza de polvo de hornear

- $3\frac{1}{2}$ cucharada de salsa de tomate

- $\frac{1}{4}$ de pinta de vinagre

- Sal y pimienta

Ponga la harina de maíz, la harina, la sal y la pimienta en un bol. Agregue la salsa de tomate y el vinagre y bata hasta obtener una pasta suave. Agrega el polvo de hornear.

Caliente una sartén o una freidora eléctrica a 175-180C.

Pelar las cigalas y limpiar los intestinos. Divida las cigalas y coloque un trozo de plátano en el centro. Asegure junto con un palillo de cóctel. Sumerja en la masa y fría.

43. Buñuelos de melocotón en conserva

Rendimiento: 4-5 porciones

Ingrediente

- 1 lata (29 oz) de duraznos en rodajas

- 1 taza de harina tamizada ANTES de medir

- ½ cucharadita de sal

- 1 cucharadita de levadura en polvo

- 2 Huevos; vencido

- 1 cucharada de manteca vegetal derretida

- ½ taza de leche entera

- Aceite vegetal

Escurrir los duraznos y espolvorear ligeramente con harina. Tamizar la harina con sal y levadura. Agregue los huevos bien batidos, la manteca derretida y la leche. Mezclar bien.

Con un tenedor de mango largo, sumerja la fruta en la masa. Deje que se escurra el exceso de masa.

Baje la fruta en aceite caliente (375) y fría 2-3 minutos o hasta que se dore.

Escurrir sobre toallas de papel. Espolvorea con azúcar glass.

44. Buñuelos de piña caribeña

Rendimiento: 1 porción

Ingrediente

- 2 tazas de piña fresca; cortar en trozos

- 1 chile habanero; sin semillas y picado

- 5 cebolletas; finamente picado

- 1 cebolla; picado

- 2 dientes de ajo; machacado y picado

- 8 cebollas verdes; picado

- $\frac{1}{2}$ cucharadita de cúrcuma

- $1\frac{1}{4}$ taza de harina

- $\frac{1}{2}$ taza de leche; o más

- $\frac{1}{2}$ taza de aceite vegetal; para freír

- 2 huevos; vencido

- Sal y pimienta

- Anillos de piña; para Decorar

Mezcle los primeros siete ingredientes; dejar de lado.

Combine la harina, la leche, los huevos, la sal y la pimienta y bata bien con una batidora eléctrica. Después de 4 horas, combine la fruta con la masa.

Calentar el aceite vegetal en una sartén profunda. Deje caer la masa a cucharadas y fría durante unos 5 minutos, o hasta que estén doradas.

Retirar los buñuelos y escurrir sobre papel toalla. Servir frío

45. Buñuelos de saúco

Rendimiento: 4 porciones

Ingrediente

- 200 gramos de harina (1 3/4 tazas)

- 2 huevos

- $\frac{1}{8}$ litro de leche (1/2 taza más 1/2 cucharada)

- Pizca de sal

- dieciséis Flores de saúco con tallos

- Azúcar para espolvorear

- 750 gramos Manteca o manteca vegetal para freír

Con un batidor, mezcle la harina, los huevos, la sal y la leche en una masa para panqueques. Enjuague las flores de saúco varias veces y luego seque con una toalla de papel.

Sumerja brevemente las flores en la masa y luego fríalas hasta que estén doradas. Espolvoree con azúcar y sirva.

46. Buñuelos de frutas y verduras

Rendimiento: 1 porción

Ingrediente

- 1 taza de harina para todo uso

- 1 cucharadita de levadura en polvo

- 14 cucharaditas de sal

- 2 huevos grandes

- 2 cucharaditas de azúcar

- ⅔ taza de leche

- 1 cucharadita de aceite de ensalada

- $\frac{1}{2}$ cucharadita de jugo de limón

- Fruta mezclada

- Verduras mixtas

Tamizar la harina, el polvo de hornear y la sal. Batir los huevos hasta que estén suaves y esponjosos. Agrega el azúcar, la leche, el aceite y una pizca de jugo de limón; agregue la mezcla de harina y revuelva solo el tiempo suficiente para humedecer. Agrega una pizca de canela a la harina cuando prepares buñuelos de frutas.

FRUTAS: Manzanas: Pelar, descorazonar y cortar en rodajas de $\frac{1}{2}$ pulgada. Plátanos: Cortar en trozos y espolvorear con jugo de limón y azúcar. Use melocotones, piñas, etc. enlatados escurriendo; espolvorear muy ligeramente con harina antes de sumergir en la masa.

VERDURAS: Córtelas en trozos del mismo tamaño para mantener el tiempo de fritura aproximadamente igual.

Caliente el aceite en una sartén profunda y cocine los buñuelos hasta que se doren delicadamente, luego escurra sobre toallas de papel.

47. Buñuelos de frutas con salsa de limón y bourbon

Rendimiento: 32 porciones

Ingrediente

- $\frac{3}{4}$ taza de Harina, para todo uso

- $\frac{1}{2}$ cucharadita de polvo de hornear

- 1 huevo batido

- 1 cucharada de mantequilla o margarina derretida

- ⅓ una taza de azúcar

- 1 cucharada de maicena

- $\frac{3}{4}$ taza de agua

- 2 cucharadas de mantequilla o margarina

- 1 cucharadita de vainilla

- 4 Manzanas, 4 Peras, 4 Plátanos

- $\frac{1}{4}$ taza de Bourbon

- Cáscara de limón y 4 cucharaditas de jugo de limón

Tamice la harina, el azúcar y la levadura en polvo.

Combine el huevo, el agua, la mantequilla y la vainilla; revuelva con los ingredientes secos hasta que se mezclen.

Sumerja una rodaja de fruta en la masa; vierta en aceite caliente y fría hasta que esté dorado por ambos lados.

SALSA DE LIMÓN Y BURBÓN: Combine el azúcar y la maicena en una cacerola pequeña; revuelva en agua. Cocine, revolviendo constantemente, hasta que la mezcla hierva y espese. Agrega la mantequilla. Agregue el bourbon, la cáscara de limón y el jugo; mezclar bien.

48. Buñuelos de manzana espía del norte

Rendimiento: 15 porciones

Ingrediente

- $\frac{3}{4}$ taza de harina de maíz amarilla

- $\frac{1}{2}$ taza de harina para todo uso

- 2 cucharadas de levadura en polvo

- 6 cucharadas de azúcar

- 1 pizca de sal

- 1 huevo

- $\frac{1}{2}$ taza de leche

- $1\frac{1}{2}$ taza de aceite vegetal para freír

- 1 manzana Northern Spy, pelada

- 2 cucharadas de aceite vegetal

- Azúcar de repostería para decorar

Combine todos los ingredientes secos excepto el azúcar de repostería

Agregue los ingredientes líquidos (excepto $1\frac{1}{2}$ tazas de aceite) uno a la vez, revolviendo entre adiciones. Incorpora la manzana. Deje reposar la masa durante 10 minutos.

Caliente el aceite hasta que crepite, no del todo al punto de humear. Deje caer la masa en el aceite y retírela sobre una toalla de papel cuando esté dorado.

Espolvorear con azúcar glass y servir.

49. Buñuelos de piña y plátano

Rendimiento: 1 porción

Ingrediente

- 1⅓ taza de harina para todo uso

- 1½ cucharadita de polvo de hornear de doble acción

- 3 cucharadas de azúcar granulada

- 1 cucharadita de jengibre molido

- ¾ taza de piña fresca picada; agotado

- ¾ taza de plátano picado

- $\frac{1}{2}$ taza de leche

- 1 huevo grande; golpeado ligeramente

- Aceite vegetal para freír

- Azúcar de repostería para espolvorear

Tamizar la harina, el polvo de hornear, el azúcar granulada, el jengibre y una pizca de sal.

En un bol combine bien la piña, el plátano, la leche y el huevo, agregue la mezcla de harina y revuelva la masa hasta que se combine.

Eche la masa a cucharadas soperas en el aceite por tandas y fría los buñuelos, dándoles la vuelta, de 1 a 1 $\frac{1}{2}$ minutos, o hasta que estén dorados.

Transfiera los buñuelos con una espumadera a toallas de papel para escurrir y tamizar el azúcar de repostería sobre ellos.

50. Buñuelos de pera escalfados

Rendimiento: 1 porción

Ingrediente

- 1 receta de galletas tradicionales de suero de leche

- Aceite vegetal

- 1 puerto de botella

- 1 taza de agua

- 1 rama de canela

- 3 dientes enteros

- $\frac{1}{2}$ cucharadita de nuez moscada

- 1 pizca de maza

- 4 peras; pelado

Coloque los ingredientes en una olla y deje hervir agregue las peras. Hervir hasta que las peras estén ligeramente escalfadas de 15 a 20 minutos.

Una vez enfriado, retirar las peras y colar los líquidos, volver a colocar en la olla y llevar a ebullición. Reducir a la mitad y retirar del fuego. Corta las peras en cuartos, quitando las semillas.

Enrolle la masa al doble del largo del ancho de las peras y tan largo como pueda obtener de $\frac{1}{8}$ a $\frac{1}{4}$ de pulgada de grosor. Colocar las peras sobre la masa, doblar la masa por encima y cortar con una rueda de pastelería. Repita hasta que se hayan usado la masa y las peras.

Hornea galletas.

RFRITTER DE MARISCOS

51. Buñuelos de bagre

Rendimiento: 8 porciones

Ingrediente

- $1\frac{1}{2}$ taza de harina para todo uso

- 1 cucharadita de sal pimienta

- 2 huevos medianos

- 3 cucharadas de mantequilla sin sal; derretido, enfriado

- 1 taza de leche entera

- $\frac{1}{2}$ libras Bacalao salado

- 1 pimiento de cada uno, picante; sembrado

- 2 cebolletas cada una; finamente picada

- 1 diente de ajo de cada uno; aplastada

- 1 cucharada de perejil; Cortado

- $\frac{1}{2}$ cucharadita de tomillo

- 1 cada baya de pimienta de Jamaica; suelo

Tamizar la harina y la sal en un tazón. Batir los huevos con mantequilla y agregar a la mezcla de harina. Agregue la leche gradualmente, revolviendo solo para mezclar. Agregue más leche si la masa está demasiado rígida.

Libra de pescado en mortero con ají

Agregue cebolletas, ajo, perejil, tomillo, pimienta de Jamaica y pimienta negra al gusto. Revuelva en la masa

Caliente el aceite y la mezcla para freír colocando cucharadas soperas hasta que estén doradas.

52. Buñuelos de bacalao

Rendimiento: 14 buñuelos

Ingrediente

- $\frac{1}{2}$ libras Bacalao seco, cocido y desmenuzado

- Aceite vegetal para freír

- $1\frac{1}{2}$ taza de harina para todo uso sin tamizar

- $\frac{1}{2}$ cucharadita de polvo de hornear

- $\frac{1}{2}$ cucharadita de pimienta negra molida

- $\frac{1}{4}$ de cucharadita de sal

- 2 claras de huevo grandes

- 2 dientes de ajo machacados

- 2 cucharadas de hojas de cilantro frescas picadas

En un tazón grande, combine la harina, el polvo de hornear, la pimienta negra molida y la sal.

En un tazón pequeño, bata las claras de huevo hasta que estén espumosas; agregue las claras de huevo batidas y el agua a la mezcla de harina para crear una masa. Agrega el bacalao, el ajo y las hojas frescas de cilantro picadas; revuelva hasta que esté bien combinado.

En lotes, vierta cucharadas colmadas de masa en aceite caliente y fría durante 12 minutos.

Escurrir sobre toallas de papel y servir tibio en un plato para servir; decorar con cilantro.

53. Buñuelos de pescado y carne de cangrejo

Rendimiento: 1 porción

Ingrediente

- 12 onzas de bacalao fresco o congelado

- 6 onzas Imitación de carne de cangrejo

- 2 Huevos; vencido

- 1/2 taza de harina

- 1 cebolla verde; picado muy fino

- $\frac{1}{2}$ cucharadita de cáscara de limón finamente rallada

- 1 cucharadita de jugo de limón.

- 1 diente de ajo; aplastada

- ¼ de cucharadita de sal

- ½ cucharadita de pimienta

- Aceite de cocina

En una licuadora o en un procesador de alimentos, combine el cangrejo de pescado, los huevos, la harina, la cebolla, la cáscara de limón, el jugo de limón, el ajo, la sal y la pimienta. Cubra y mezcle hasta que quede suave.

Engrase ligeramente la sartén y caliente

Coloque aproximadamente ¼ de taza de masa en la sartén y extienda hasta obtener una hamburguesa de 3 pulgadas de diámetro

Cocine 3 minutos por lado o hasta que esté dorado.

54. buñuelos de maíz y almejas de bacalao del cabo

Rendimiento: 1 porción

Ingrediente

- 2 Huevos bien batidos

- $\frac{1}{4}$ taza de líquido de almejas

- $\frac{1}{4}$ taza de leche

- 1 cucharada de aceite

- $1\frac{1}{2}$ taza de harina

- 1 cucharadita de polvo de hornear Sal al gusto

- 1 taza de granos de elote bien escurridos

- $\frac{1}{2}$ taza de almejas picadas bien escurridas

Batir los huevos; agregue la leche, el líquido de las almejas, el aceite y bata hasta que esté bien mezclado.

Agregue la harina, el polvo de hornear y la sal al gusto. Batir hasta que esté bien mezclado. Agrega el maíz y las almejas. Deje caer cucharadas bien redondeadas en aceite caliente. Cocine hasta que se dore por ambos lados. Escurrir sobre toallas de papel.

55. Buñuelos de caracol

Rendimiento: 50 porciones

Ingrediente

- 2 libras   Caracola, finamente picada

- 1 taza de jugo de limón

- ¼ taza de aceite de oliva

- 1 pimiento verde

- 1 pimiento rojo

- 1 cebolla grande, finamente picada

- 4 Huevos, vencido

- 2 tazas de harina

- 1 cucharadita de sal

- 1 cucharadita de condimento cajún

- 6 guiones   salsa de tabasco

- 3 cucharaditas de polvo de hornear

- 5 cucharadas de margarina derretida

- Aceite vegetal para freír

Haga que el mercado de pescado pase la caracola por el ablandador. Marine el caracol en 1 taza de jugo de limón y $\frac{1}{4}$ de taza de aceite de oliva durante al menos 30 minutos; drenar.

Mezcle todos los ingredientes. Freír en aceite vegetal CALIENTE hasta que estén doradas, unos 3-5 minutos. Sirva con salsa de cóctel roja o salsa tártara.

56. Buñuelos de almejas en conserva

Rendimiento: 12 porciones

Ingrediente

- 1 huevo; bien golpeado

- $\frac{1}{2}$ cucharadita de sal

- $\frac{1}{8}$ cucharadita de pimienta negra

- ⅔ taza de harina de trigo blanca

- 1 cucharadita de levadura en polvo

- $\frac{1}{4}$ de taza de leche o caldo de almejas enlatado

- 1 cucharada de mantequilla Derretido

- 1 taza de almejas enlatadas picadas; agotado

- Aceite o mantequilla clarificada

- $\frac{1}{4}$ taza de crema agria o yogur

- 1 cucharadita de eneldo; estragón o tomillo

Mezcle suavemente todos los ingredientes, agregando las almejas al final. Deje caer 2 cucharadas colmadas por buñuelo en una plancha caliente engrasada o en una sartén de hierro.

Cuando se rompan las burbujas, dale la vuelta a los buñuelos.

Sirva caliente con una cucharada de crema agria con hierbas, yogur o salsa tártara.

57. Buñuelos de cangrejo y aguacate

Rendimiento: 4 porciones

Ingrediente

- 2 libras   Carne de cangrejo

- Sal

- 1 taza de cebollas verdes en cubitos

- $\frac{1}{4}$ taza de pan rallado seco

- 1 aguacate mediano, pelado y cortado

- Aceite de maíz para freír

- Harina para todo uso

- Cebolla verde finamente picada

- 2 huevos

- $\frac{1}{2}$ taza de salsa de chile picante

Combine el cangrejo, 1 taza de cebollas verdes y el aguacate en un tazón grande. Mezcle los huevos, la salsa y la sal; agregar al cangrejo. Incorpora el pan rallado. Forme bolas de $1\frac{1}{2}$ pulgada con la mezcla.

Vierta el aceite en una sartén grande hasta una profundidad de 3 pulgadas.

Calentar a 350 grados

Espolvoree los buñuelos con harina. Agregue con cuidado al aceite en tandas (no amontone) y cocine hasta que estén doradas, aproximadamente 2 minutos por lado.

Escurrir sobre toallas de papel. Transfiera a la bandeja preparada y manténgala caliente en el horno hasta que todo esté cocido. Adorne con rodajas de cebolla verde y sirva inmediatamente.

58. Buñuelos de langosta

Rendimiento: 6 porciones

Ingrediente

- 1 taza de colas de cangrejo

- $\frac{1}{4}$ taza de pimientos picados

- $\frac{1}{4}$ taza de cebollas verdes, picadas

- 2 tazas de harina

- 1 cucharadita de bicarbonato de sodio

- $\frac{1}{2}$ cucharadita de sal

- $\frac{1}{2}$ cucharadita de hervido de cangrejo líquido

- $\frac{1}{2}$ taza de caldo o agua

- Aceite para freír

Agregue los pimientos y las cebolletas al cangrejo. Tamice la harina, el bicarbonato de sodio y la sal y agréguelos al cangrejo de río. Agregue caldo o agua y mezcle para hacer una masa espesa. Tapar y dejar reposar media hora.

Deje caer la masa a cucharadas y fría hasta que estén doradas.

59. Buñuelos de almejas

Rendimiento: 4 porciones

Ingrediente

- 1 pinta de almejas

- 1 cucharada de levadura en polvo

- $1\frac{1}{2}$ cucharadita de sal

- 1 taza de leche

- 1 cucharada de mantequilla

- $1\frac{3}{4}$ taza de harina, para todo uso

- 1 cucharadita de perejil picado

- 2 Huevos batidos

- 2 cucharaditas de cebolla rallada

Combine los ingredientes secos. Combine los huevos, la leche, la cebolla, la mantequilla y las almejas. Combine con los ingredientes secos y revuelva hasta que quede suave. Deje caer la masa usando cucharaditas en la manteca caliente a 350 grados F y fría durante 3 minutos, o hasta que estén doradas.

Escurrir sobre papel absorbente.

60. Buñuelos de camarones y maíz de Indonesia

Rendimiento: 6 porciones

Ingrediente

- 3 Mazorcas de maíz raspado y picado grueso

- $\frac{1}{2}$ libras Camarones medianos sin cáscara y desvenados,

- 1 cucharadita de ajo picado

- $\frac{1}{2}$ taza de chalotes finamente picados o: cebollas verdes

- 1 cucharadita de cilantro molido

- $\frac{1}{4}$ de cucharadita de comino molido

- 2 cucharadas   Hojas de cilantro picadas

- 2 cucharadas   Harina

- 1 cucharadita de sal

- 2 huevos batidos

- Aceite de maní o vegetal para freír

- salsa de chile para mojar

EN UN TAZÓN GRANDE, combine el maíz, los camarones, el ajo, las cebolletas, el cilantro molido, el comino, las hojas de cilantro, la harina, la sal y los huevos. Calentar una fina capa de aceite en una sartén a fuego medio-alto. Vierta $\frac{1}{4}$ de taza de la mezcla de maíz en la sartén. Agregue tantos como quepan en la sartén con $\frac{1}{2}$ pulgada de espacio entre los buñuelos.

Freír hasta que estén doradas y crujientes; turno. Cocine alrededor de 1 minuto por cada lado. Retirar y escurrir sobre toallas de papel. Mantener caliente mientras se fríen los buñuelos restantes.

61. Buñuelos italianos de calabaza espagueti

Rendimiento: 4 porciones

Ingrediente

- 2 Huevos

- $\frac{1}{2}$ taza de queso ricotta parcialmente descremado

- 1 onza de queso parmesano rallado

- 3 cucharadas de harina

- $\frac{1}{2}$ cucharadita de polvo de hornear

- 2 cucharaditas de Veg. petróleo

- $\frac{1}{8}$ cucharadita de ajo en polvo

- $\frac{1}{2}$ cucharadita de orégano seco

- $\frac{1}{4}$ de cucharadita de albahaca seca

- 1 cucharada de hojuelas de cebolla picada

- 2 tazas de espaguetis cocidos

En el recipiente de la licuadora, combine todos los ingredientes, excepto los espaguetis. Mezclar hasta que esté suave. Agrega espaguetis

Vierta la mezcla en una sartén o plancha antiadherente precalentada rociada con Pam. Cocine a fuego medio hasta que se doren por ambos lados, girando con cuidado.

SALSA: Combine una lata de 8 oz de salsa de tomate, $\frac{1}{4}$ de cucharadita de orégano seco, $\frac{1}{8}$ de cucharadita de ajo en polvo, $\frac{1}{4}$ de cucharadita de albahaca seca en una cacerola pequeña. Calentar hasta que esté caliente y burbujeante.

Sirve sobre buñuelos.

62. Buñuelos de langosta

Rendimiento: 1 porción

Ingrediente

- 1 taza de langosta picada

- 2 huevos

- $\frac{1}{2}$ taza de leche

- $1\frac{1}{4}$ taza de harina

- 2 cucharaditas de polvo de hornear

- Sal y pimienta para probar

Caliente la grasa profunda hasta que un cubo de pan se dore en sesenta segundos. Mientras la grasa se calienta, bata los huevos hasta que estén livianos. Agregue la leche y la harina tamizadas con polvo de hornear, sal y pimienta, y luego agregue la langosta picada.

Echar cucharadas pequeñas en la grasa, freír hasta que se doren. Escurrir sobre papel marrón en horno tibio. Sirve con salsa rápida de limón.

63. Buñuelos de mejillones con salsa

Rendimiento: 4 porciones

Ingrediente

- 8 Mejillones de concha verde; fuera de la cáscara

- 6 huevos grandes; ligeramente batido

- 50 mililitros Crema doble

- 10 mililitros de pasta de pescado

- 2 cucharadas de polenta

- 50 gramos de cebolletas; rebanado

- 400 gramos de Kumera; hervido y luego pelado

- 1 cebolla morada pequeña; pelado y en rodajas

- 20 mililitros de jugo de limón fresco

- 2 Nashi; núcleo eliminado y

- 30 mililitros de aceite de oliva virgen extra

Cortar los mejillones en cuartos y mezclarlos en un bol con los huevos, la nata, el nam pla, la polenta y la mitad de la cebolleta. Por último, mezcle la kumera.

Mezcle todos los demás ingredientes para hacer la salsa, incluidas las cebolletas restantes, y déjela reposar durante 30 minutos.

Caliente una sartén y unte con aceite, luego haga 4 buñuelos grandes u 8 pequeños. Cocine hasta que se doren por un lado, luego dé vuelta y cocine por el otro lado.

64. Buñuelos de pulpo

Rendimiento: 8 porciones

Ingredientes:

- 2 pulpos de aproximadamente 1 1/2 caca cada uno

- 1 cucharadita de sal

- 2 cuartos   Agua

- 2 cuartos   Agua helada con hielo

- 2 cebollas medianas, peladas y picadas

- 2 huevos batidos

- 1 taza de harina o más según sea necesario

- Sal y pimienta para probar

- Aceite para freír

Deje caer el pulpo en una olla grande con agua con sal hirviendo rápidamente. Cocine a fuego medio-alto durante unos 25 minutos. Escurrir y sumergir en un recipiente lleno de hielo y agua helada. Con un cepillo grueso, raspe la piel morada. Cortar las piernas y picar bien.

Deseche las cabezas. En un bol mezcle las cebollas, los huevos, la harina, la sal y la pimienta. Agregue el pulpo picado y mezcle bien. Forme la mezcla en empanadas planas de $2\frac{1}{2}$ - 3 pulgadas. Caliente aproximadamente $\frac{1}{2}$ pulgada de aceite en una sartén grande y pesada y fría los buñuelos de pulpo hasta que estén bien dorados por ambos lados. Servir inmediatamente.

65. Buñuelo de camarones

Rendimiento: 8 porciones

Ingrediente

- $\frac{1}{2}$ taza de leche

- $\frac{1}{2}$ taza de harina con levadura

- 1 taza de camarones crudos; Cortado

- 1 taza de arroz cocido

- 1 huevo

- $\frac{1}{2}$ taza de cebollas verdes; Cortado

- Sal y pimienta al gusto

Mezcle todos los ingredientes. Vierta una cucharadita en aceite de cocina caliente y fríalo hasta que se dore. Hacer pequeños y servir como aperitivo.

66. Buñuelos de ostras

Rendimiento: 1 porción

Ingrediente

- 2 tazas de pulpa de maíz

- 2 huevos, separados

- $\frac{1}{4}$ de cucharadita de pimienta

- 2 cucharadas de harina

- $\frac{1}{2}$ cucharadita de sal

Se puede utilizar maíz enlatado o fresco. A la pulpa de maíz agregue las yemas de huevo batidas, la harina y el condimento. Agrega las claras de huevo bien batidas y licúa.

Dejar caer cucharadas del tamaño de una ostra en una sartén caliente con mantequilla y dorar. Fuente: Pennsylvania Dutch Cook Book - Fine Old Recipes, Culinary Arts Press, 1936.

67. Buñuelos de atún

Rendimiento: 3 porciones

Ingrediente

- 1 taza de harina

- 1 cucharadita de levadura en polvo

- $\frac{1}{2}$ cucharadita de sal

- 2 huevos

- $\frac{1}{4}$ taza de leche

- 1 lata de atún, escurrido y desmenuzado

- 6 1/2 o 7 oz. Talla

- Hojuelas de cebolla seca

- Aceite para freír

Tamizar la harina, el polvo de hornear y la sal en un tazón para mezclar. Batir bien los huevos. Batir la leche. Combine ingredientes líquidos con ingredientes secos.

Revuelva hasta que toda la harina se humedezca. Agrega el atún. Deje caer cucharaditas en aceite caliente, 375 grados. Freír hasta que estén doradas por todos lados. Escurrir sobre toallas de papel.

BUÑUELOS DE QUESO

68. Buñuelos de queso de Basilea

Rendimiento: 1 porción

Ingrediente

- 4 rebanadas de pan

- 1 onza de mantequilla

- 3 cebollas

- 4 rebanadas de gruyere

- Pimenton

Sofreír el pan por ambos lados en mantequilla y colocarlo en una bandeja para hornear. Vierta agua hirviendo sobre cebollas finamente picadas y déjelas por un momento. Vierta el agua y fría las cebollas en los restos de la mantequilla hasta que estén tiernas.

Unte la cebolla finamente sobre el pan y cubra cada rebanada con una rebanada de queso.

Espolvoree con pimentón y hornee en un horno muy caliente (445 grados F / marca de gas 8) hasta que el queso se derrita. Sirva de una vez.

69. Buñuelos de hierbas con salsa de yogur y albaricoque

Rendimiento: 6 porciones

Ingrediente

- 3 Huevos; ligeramente batido

- 150 gramos de Mozzarella; rallado

- 85 gramos de parmesano recién rallado

- 125 gramos de pan rallado fresco

- $\frac{1}{2}$ cebolla morada; picado muy fino

- $\frac{1}{4}$ de cucharadita de hojuelas de chile rojo

- 2 cucharadas de mejorana fresca

- 2 cucharadas de cebolletas picadas en trozos grandes

- 5 cucharadas de perejil de hoja plana picado

- 1 puñado de hojas de rúcula; picado

- 1 puñado de hojas tiernas de espinaca; Cortado

- Sal y pimienta y aceite de girasol

- Tarrina de 500 gramos de yogur griego

- 12 Albaricoques secos listos para comer; finamente cortado en cubitos

- 2 dientes de ajo y menta fresca picada

Mezcle los ingredientes del buñuelo, excepto el aceite y la mantequilla, hasta que esté espeso y bastante sólido. Ate con pan rallado si está húmedo.

Mezcle los ingredientes de la salsa justo antes de usarla. Vierta 1cm / ½ "de aceite en una sartén, agregue la mantequilla y caliente hasta que esté brumoso.

Moldear buñuelos de forma ovalada presionando firmemente con la mano para compactarlos. Freír en el aceite durante 2-3 minutos hasta que estén crujientes.

70. Buñuelos de queso de Berna

Rendimiento: 1 porción

Ingrediente

- 8 onzas Queso gruyere rallado

- 2 huevos

- $2\frac{1}{2}$ onzas líquidas de leche

- 1 cucharadita de Kirsch

- Grasa para freír

- 6 rebanadas de pan

Mezclar el queso rallado con las yemas de huevo, la leche y el Kirsch. Incorporar las claras de huevo batidas y untar la mezcla sobre el pan.

Caliente la grasa en una sartén grande y coloque el pan, con el queso hacia abajo, en la grasa caliente.

Cuando las rodajas se doren, dale la vuelta y fríelo brevemente por el otro lado.

71. Buñuelos de frijoles, maíz y queso cheddar

Rendimiento: 5 porciones

Ingrediente

- ½ taza de harina de maíz amarilla

- ½ taza de harina blanca sin blanquear

- ½ cucharadita de polvo de hornear

- Una pizca de comino molido, cayena, sal y chile en polvo

- ½ taza de leche

- 1 yema de huevo y 2 claras de huevo

- 1 taza de frijoles negros; cocido

- 1 taza de queso cheddar fuerte

- ½ taza de maíz fresco; o granos de maíz congelados

- 2 cucharadas de cilantro; picada fresca

- Pimiento rojo y ají verde, asado

Mezcle la harina de maíz, la harina, el polvo de hornear, la sal, el chile en polvo, el comino y la pimienta de cayena en un tazón mediano.

Batir la leche con la yema de huevo y añadirla a los ingredientes secos mezclando bien. Agregue los frijoles, el queso, el maíz, el cilantro, el pimiento rojo y los chiles verdes. Incorpora suavemente las claras de huevo.

Caliente la ½ taza de aceite en una sartén de 10 pulgadas a fuego medio-alto. Con una cuchara, agregue aproximadamente ¼ de taza de masa por cada buñuelo y fríalos hasta que estén dorados.

72. Buñuelos de mozzarella y espaguetis

Rendimiento: 2 porciones

Ingrediente

- 2 dientes de ajo

- 1 manojo pequeño de perejil fresco y 3 cebollas para ensalada

- 225 gramos de carne magra de cerdo picada

- Parmesano recién rallado y mozzarella ahumada

- 150 gramos de espaguetis o tallarines

- 100 mililitros Caldo de res caliente

- 400 gramos de tomates picados en lata

- 1 pizca de azúcar y 1 pizca de salsa de soja

- Sal y pimienta

- 1 huevo y 1 cucharada de aceite de oliva

- 75 mililitros de leche

- 50 gramos de harina común; más extra para quitar el polvo

Mezcle el ajo, la cebolla para ensalada, el ajo, el parmesano, el perejil y mucha sal y pimienta. Forme ocho bolas firmes. Calentar el aceite en una sartén grande y cocinar las albóndigas. Vierta el caldo.

Cocine los tomates picados, el azúcar, la sal y la pimienta y agregue a las albóndigas.

Batir el aceite, la leche, la harina y un poco de sal con la yema para hacer una masa espesa y suave. Corta finamente la mozzarella y espolvorea la harina. Agregue las yemas de huevo y agregue las claras de huevo batidas.

Sumerja las rodajas de mozzarella enharinadas en la masa y cocine durante dos minutos por cada lado hasta que estén crujientes y doradas.

73. Buñuelos de queso emmenthal

Rendimiento: 1 persona

Ingrediente

- 1 rebanada de pan grande

- 1 loncha de jamón

- 1 cucharada de mantequilla

- 1 rebanada de queso emmenthal

- Sal pimienta

- 1 huevo

Tostar ligeramente el pan. Sofreír brevemente el jamón, colocar sobre pan, cubrir con queso y sazonar. Coloque en un horno bastante caliente y deje que el queso se derrita, o en una sartén tapada encima de la olla. En el último momento, cubra el queso con un huevo frito.

74. Buñuelos de queso cheddar de harina de maíz

Rendimiento: 1 porción

Ingrediente

- 1 taza de harina de maíz

- 1 taza de queso cheddar picante rallado

- $\frac{1}{2}$ taza de cebolla rallada

- $\frac{1}{4}$ taza de pimiento rojo picado

- 1 cucharadita de sal

- Cayena, al gusto

- $\frac{3}{4}$ taza de agua hirviendo

- Aceite vegetal para freír

- Salsa picante estilo Luisiana, por ejemplo, marca Crystal

En un tazón combine la harina de maíz, el queso cheddar, la cebolla, el pimiento morrón, la sal y la pimienta de cayena.

Agregue agua hirviendo y mezcle bien. En una sartén profunda pesada o freidora caliente 3 pulgadas de aceite vegetal a 350 F. Deje caer 6 cucharadas de la masa en el aceite y fría durante 2-3 minutos o hasta que estén doradas.

75. Buñuelos de camembert

Rendimiento: 10 porciones

Ingrediente

- 3 cucharadas de mantequilla / margerina

- 3 cucharadas de harina para todo uso

- 1 taza de leche

- 4 onzas Queso camembert

- Sal al gusto

- Pimienta de cayena al gusto

- 1 huevo grande

- 1 cucharada de mantequilla / margarina

- $\frac{1}{2}$ taza de pan rallado fino

Derrita la mantequilla en una cacerola pesada a fuego medio. calor. Mezcle rápidamente la harina. Agregue la leche poco a poco, revolviendo bien. Llevar a ebullición, agregar el queso a la salsa y revolver hasta que se derrita. Agregue sal y pimienta de cayena al gusto.

Extienda la mezcla de $\frac{3}{4}$ de pulgada de espesor en una bandeja para hornear. Corta la mezcla de queso en cuadritos.

Batir los huevos con el agua. Enrolle los trozos de queso en el pan rallado y luego sumérjalos en la mezcla de huevo. Vuelva a enrollarlos en las migajas y sacuda el exceso de migajas.

Deje caer los trozos de queso en el aceite de a pocos a la vez. Freír solo hasta que estén dorados.

76. Buñuelos de coliflor y queso cheddar

Rendimiento: 24 porciones

Ingrediente

- 1½ taza de harina para todo uso

- 2 cucharaditas de polvo de hornear

- ½ cucharadita de sal

- 2 tazas de coliflor cortada en cubitos

- 1 taza de queso cheddar rallado

- 1 cucharada de cebolla picada

- 1 huevo grande

- 1 taza de leche

- Aceite vegetal

Combine los primeros 3 ingredientes en un tazón grande; agregue la coliflor, el queso y la cebolla.

Batir el huevo y la leche. Agregue a la mezcla de harina, batiendo hasta que se humedezca.

Vierta aceite vegetal a una profundidad de 2 pulgadas en un horno holandés; caliente a 375 grados F. Deje caer la masa en cucharadas soperas redondeadas en aceite y fría 1 minuto por cada lado o hasta que los buñuelos estén dorados. Escurrir bien sobre papel toalla y servir inmediatamente.

77. Buñuelos de patata rellenos de queso

Rendimiento: 5 porciones

Ingrediente

- 2 libras de papas para hornear, cocidas

- ⅓ taza de mantequilla, ablandada

- 5 yema de huevo

- 2 cucharadas de perejil

- 1 cucharadita de sal

- ½ cucharadita de pimienta

- Nuez moscada pizca

- 4 onzas de queso mozzarella

- Harina para todo uso

- 2 huevos grandes, ligeramente batidos

- $1\frac{1}{2}$ taza de pan rallado italiano

Combine las papas y la mantequilla en un tazón grande para mezclar; batir a velocidad media con una batidora eléctrica hasta que quede suave. Agregue las yemas y los siguientes 4 ingredientes, revolviendo bien. Divida la mezcla de papa en 10 porciones. Envuelva cada porción alrededor de una rebanada de queso; formando un óvalo.

Espolvorea ligeramente cada uno con harina; sumergir en huevo batido y dragar en migas de pan italiano. Refrigera 20 minutos.

Vierta el aceite a una profundidad de 4 pulgadas en un horno holandés Calentar a 340 grados. Fríe los buñuelos de a pocos a la vez, durante 8 minutos, dando vuelta una vez.

78. Buñuelos de pera y queso cheddar

Rendimiento: 1 porción

Ingrediente

- 4 peras Bartlett medianas; pelado

- 16 rodajas   Queso cheddar fuerte

- $\frac{1}{2}$ taza de harina para todo uso

- 2 huevos grandes; batido para mezclar

- 2 tazas de pan rallado blanco fresco

Corta 3 rebanadas verticales delgadas de lados opuestos de cada pera; desechar los núcleos.

Alternando rodajas de pera y queso, coloque 2 rodajas de queso entre 3 rodajas de pera para cada uno de los 8 buñuelos. Sujetando firmemente cada sándwich de queso y pera, cúbralos ligeramente con harina, luego huevos, luego pan rallado, cubra completamente y presione las migas para que se adhieran.

Vierta el aceite en una sartén grande y pesada a una profundidad de 1 pulgada y caliente a 350F. Cocine los buñuelos en tandas hasta que estén dorados, volteándolos con una espumadera, aproximadamente 2 minutos por lado. Escurrir sobre toallas de papel.

79. Buñuelos de ricotta y castañas con bagna cauda

Rendimiento: 4 porciones

Ingrediente

- 1 taza de ricotta fresca

- 3 huevos grandes

- $\frac{1}{2}$ taza de queso Parmigiano-Reggiano

- $\frac{1}{4}$ de taza de harina de castañas

- 1 taza de castañas asadas finamente picadas

- 1 lata de filetes de anchoa

- 6 dientes de ajo; picado muy fino

- $\frac{1}{2}$ taza de aceite de oliva extra virgen

- 6 cucharadas de mantequilla sin sal

- 1 cuarto de aceite de oliva puro

En un tazón grande para mezclar, coloque el queso ricotta, 2 huevos y $\frac{1}{2}$ taza de Parmigiano-Reggiano y mezcle bien. Con las manos, mezcle la harina de castañas hasta que se forme una masa suave parecida a una galleta.

En un tazón pequeño bata el huevo restante. Tome una pequeña cantidad de la mezcla de ricotta y haga una bola de 2 pulgadas. Cubra con cuidado la bola con el huevo batido y mientras aún esté húmedo, drague en castañas picadas.

Mientras tanto, combine las anchoas con su jugo, el ajo y $\frac{1}{2}$ taza de aceite de oliva en una cacerola pequeña y revuelva a fuego medio. Triturar las anchoas hasta obtener una pasta. Agregue la mantequilla 1 cucharada a la vez hasta que se derrita y quede suave.

Freír las bolas de ricotta en aceite caliente hasta que estén doradas.

80. Buñuelos de queso Waadtland

Rendimiento: 1 porción

Ingrediente

- 4 rebanadas de pan tostado, cada una de 1 3/8 de pulgada de grosor

- $2\frac{1}{2}$ onza líquida vino blanco

- $5\frac{1}{2}$ onza Queso gruyere rallado

- 1 huevo

- Pimenton

- Pimienta

Humedecer las rebanadas de tostada con un poco de vino y disponer en una bandeja de horno. Mezclar el resto del vino con el queso, el huevo y las especias hasta obtener una pasta bastante espesa y extender sobre la tostada. Espolvorea con más pimentón y pimienta. Hornee brevemente en un horno muy caliente (445 grados F / marca de gas 8) hasta que el queso comience a derretirse, sirva de inmediato.

CARNES Y BUÑUELOS DE AVES

81. Buñuelos de pollo

Rendimiento: 6 porciones

Ingrediente

- 20-minutos de tiempo de preparación

- 2 tazas de pollo; cocido finamente picado

- 1 cucharadita de sal

- 2 cucharaditas de perejil fresco picado

- 1 cucharada de jugo de limón

- 1 taza de mostaza seca

- 1 taza de vinagre de vino blanco

- 2 Huevo; minutos batidos tiempo de cocción

- $1\frac{1}{4}$ taza de harina

- 2 cucharaditas de polvo de hornear

- $\frac{2}{3}$ taza de leche

- $\frac{3}{4}$ taza de miel

- $\frac{1}{4}$ de cucharadita de sal

En un tazón grande, mezcle el pollo con sal, perejil y jugo de limón. Dejar reposar por 15 minutos. En otro tazón grande, combine la harina, el polvo de hornear, el huevo y la leche. Revuelva para mezclar bien.

Agregue la mezcla de harina al pollo y mezcle bien.

Deje caer la masa por cucharadas en aceite caliente y fría en tandas sin amontonar durante 2 minutos, hasta que se doren. Escurrir sobre toallas de papel y servir con mostaza y miel para mojar.

Prepare las direcciones de miel y mostaza

82. Buñuelos de ternera con trozos

Rendimiento: 5 porciones

Ingrediente

- 2 libras Rosbif cocido sin condimentar

- 6 cucharadas de leche

- 1 cucharada de harina para todo uso sin blanquear

- 3 huevos grandes de cada uno, batidos

- $1\frac{1}{2}$ taza de harina con levadura

- 4 cucharaditas de sal

- $\frac{1}{4}$ de cucharadita de pimienta

Combine la leche y la harina; revuelva en huevos. Combine la harina leudante, la sal y la pimienta.

Sumerja los trozos de rosbif en la mezcla de huevo y páselos por la mezcla de harina.

Freír en grasa honda caliente hasta que se dore y se caliente por completo. Escurrir sobre papel absorbente y servir caliente.

83. Buñuelos de huevo con judías verdes y macarrones

Rendimiento: 6 porciones

Ingrediente

- 1 libra   Judías verdes hervido

- $\frac{1}{2}$ libras Macarrones o ziti

- $\frac{3}{4}$ taza Pan rallado, sin sabor

- $\frac{1}{2}$ cucharadita de ajo, finamente picado

- Perejil picado

- Salsa marinara

- 6 cucharadas de queso parmesano rallado

- 6 Huevos batidos

- Sal pimienta

- Aceite para freír

Agregue pan rallado, queso, perejil, sal, pimienta y ajo a los huevos. Mezclar bien para formar una masa. Caliente el aceite a fuego medio alto, cuando esté caliente, una gota de masa debe endurecerse y flotar hacia la superficie. Mezcle una cucharadita a la vez. No se amontonen.

Cuando los buñuelos se hayan hinchado, darles la vuelta hasta que formen una costra dorada.

Combine las judías verdes, los macarrones y la salsa marinara en un tazón grande para servir.

84. Buñuelos de maíz fresco y salchichas

Rendimiento: 24 porciones

Ingrediente

- 1 taza de harina para todo uso, tamizada

- 1 cucharadita de polvo para hornear

- 1 cucharadita de sal

- $\frac{1}{8}$ cucharadita de pimienta

- $\frac{1}{4}$ de cucharadita de pimentón

- 1 taza de salchicha, cocida y desmenuzada

- 1 taza de mazorcas de maíz fresco

- 2 yemas de huevo batidas

- 2 cucharadas de leche

- 2 claras de huevo, batidas firmes

- Aceite para freír

Tamice la harina, el polvo de hornear y las especias en un tazón para mezclar. Agregue la salchicha, el maíz, las yemas de huevo y la leche; mezclar hasta que se mezcle. Doblar las claras de huevo batidas.

Deje caer al amontonar cucharaditas en aceite calentado a 360 - 365 grados.

Cocine de 3 a 5 minutos, volteando para que se doren por todos lados. Escurrir sobre toallas de papel.

85. Buñuelos de maíz para perros calientes

Rendimiento: 6 nietos

Ingrediente

- 6 huevos; apartado

- 12 onzas de maíz con pimiento

- 6 perros calientes

- ½ taza de harina para todo uso

- ½ cucharadita de sal

- 1 cucharada de jerez para cocinar

Batir las yemas de los huevos hasta que estén ligeras y esponjosas; agregue el maíz, las salchichas en cubitos, la harina, la sal y el jerez. Mezclar muy bien. Batir las claras de huevo hasta que formen picos. Incorpora las claras de huevo a la mezcla de perritos calientes, cuidando de no perder el aire.

Freír en una plancha caliente ligeramente engrasada como lo haría con los panqueques, usando aproximadamente $\frac{1}{4}$ de taza de la mezcla por pastel. Sirva de una vez, bien caliente.

86. Buñuelos de carne coreanos

Rinde 4 porciones

Ingrediente

- 2 libras Bistec de punta de solomillo

- 3 ramitas de cebolla verde picada

- 2 cucharadas de aceite de ajonjolí

- 2 cucharaditas de semillas de sésamo

- $\frac{1}{2}$ taza de salsa de soja

- 1 diente de ajo picado

- 1 pizca de pimienta negra

- 5 Huevos

Combine todos los demás ingredientes excepto los huevos y remoje la carne en salsa durante una hora.

Enharinar la carne y sumergirla en un huevo ligeramente batido y freír a fuego medio hasta que se dore. Sirva caliente con salsa.

Salsa: 2 cucharadas. salsa de soja 1 cdta. cebolla verde picada 1 cdta. semillas de sésamo 1 cdta. vinagre 1 cdta. azúcar Mezclar todos los ingredientes.

87. Buñuelos de queso parmesano y mozzarella

Rendimiento: 4 porciones

Ingrediente

- 1 diente de ajo; Cortado

- 2 mozzarella madura; rallado

- 1 huevo pequeño; vencido

- Pocas hojas de albahaca fresca

- 70 gramos de parmesano; rallado

- 2 cucharadas   harina común

- Sal y pimienta

Mezclar la mozzarella, el ajo, la albahaca, el parmesano y el condimento y unir con huevo batido. Agrega un poco de harina, da forma y deja reposar en la nevera durante 30 minutos aproximadamente.

Cubrir ligeramente con harina antes de freír.

La mezcla debe ser bastante blanda, porque se reafirma después de haber reposado en el refrigerador por el tiempo requerido. El aceite de la sartén no debe estar demasiado caliente, de lo contrario los buñuelos se quemarán por fuera y estarán fríos en el medio.

BUÑUELOS DE POSTRE

88. Buñuelos de nuez cubiertos de chocolate

Rendimiento: 4 docenas

Ingrediente

- 2 paquetes de caramelos de vainilla; 6 onzas. ea.

- 2 cucharadas de leche evaporada

- 2 tazas de nueces en mitades

- 8 onzas Choc con leche. bar; roto en cuadrados

- ⅓ Barra de parafina; roto en pedazos

Combine los caramelos y la leche en la parte superior del baño maría; Caliente hasta que los caramelos se derrita, revolviendo constantemente. Batir con una cuchara de madera hasta que esté cremoso; revuelva en las nueces. Deje caer cucharaditas sobre papel encerado con mantequilla; déjelo reposar 15 minutos.

Combine el chocolate y la parafina en la parte superior del baño maría; Caliente hasta que se derrita y esté suave, revolviendo ocasionalmente.

Con un palillo, sumerja cada buñuelo en la mezcla de chocolate.

Colocar sobre papel encerado para que se enfríe.

89. Buñuelos de choux

Rendimiento: 1 porción

Ingrediente

- $\frac{1}{2}$ taza de mantequilla o margarina

- 1 taza de agua hirviendo

- $\frac{1}{4}$ de cucharadita de sal

- $1\frac{3}{4}$ taza de harina

- 4 huevos

- 4 tazas de aceite vegetal; (12 onzas)

- Azúcar granulada

Combine la mantequilla, el agua hirviendo, la sal y la harina en una cacerola a fuego moderado. Batir la mezcla vigorosamente hasta que salga de los lados del molde y forme una bola. Retirar del fuego y enfriar un poco. Vierta en una batidora o procesador de alimentos con una cuchilla de acero y agregue los huevos uno a la vez, batiendo bien después de cada adición. Cuando se hayan agregado todos los huevos y la mezcla esté espesa, debe mantener su forma cuando se levanta con una cuchara.

Sumerja una cucharada primero en aceite caliente y luego en la masa.

Vierta con cuidado cucharadas de masa en aceite caliente y cocine hasta que se doren por todos lados. Retirar del aceite con una espumadera y escurrir sobre toallas de papel.

90. Buñuelos de pudín de Navidad

Rendimiento: 1 porción

Ingrediente

- 25 gramos   Harina con levadura

- 125 mililitros de cerveza

- 125 mililitros de leche

- 125 mililitros de agua fría

- 1 budín de Navidad sobrante

- 1 harina común

- 1 freidora con aceite

Combine los primeros cuatro ingredientes para hacer una masa. Dejar reposar por 20 minutos.

Calentar la freidora a 180C.

Cortar el pudín en cubos o dedos, enrollarlo por la harina y luego sumergirlo en la masa. freír hasta que estén doradas.

Escurrir sobre una toalla de cocina y servir.

91. Buñuelos de canela

Rendimiento: 1 porción

Ingrediente

- 1 taza de agua caliente

- ⅓ taza de manteca

- 2 tazas de harina

- ½ taza de azúcar

- 1 cucharada de canela

- Sal

- 2 cucharaditas de polvo de hornear

- Aceite para freír

- $\frac{1}{4}$ de canela

- $\frac{1}{2}$ taza de azúcar de ricino

Derretir la manteca vegetal en el agua caliente. Agregue la harina, el azúcar, la canela, la sal y el polvo de hornear. Mezclar bien. Forme una bola y enfríe la masa durante al menos 1 hora. Caliente 1 "aceite vegetal a 375 en una freidora o sartén. Separe los pequeños trozos de masa y forme bolas.

Freír durante 3-4 minutos hasta que se doren.

Saque el aceite caliente con una espumadera. Escurrir sobre toallas de papel y dejar enfriar durante unos minutos sobre una rejilla. Mezcle la canela y el azúcar en un bol. Enrolle los buñuelos de canela calientes en la mezcla de azúcar para cubrirlos por completo. Sirva caliente.

92. Buñuelos franceses

Rendimiento: 1 porción

Ingrediente

● 2 huevos; apartado

● ⅔ taza de leche

● 1 taza de harina; tamizado

● ½ cucharadita de sal

● 1 cucharada de mantequilla; Derretido

● 2 cucharadas de jugo de limón

● 1 limón corteza rallada

- 2 cucharadas de azúcar

- 4 manzanas o naranjas, piña

- Higos o peras

Espolvorea las rodajas de fruta de tu elección con la ralladura de limón y el azúcar y deja reposar de 2 a 3 horas. Escurrir y sumergir en la masa fina para buñuelos.

Masa: Batir con batidora, las yemas de huevo, la leche, la harina, la mantequilla salada y el jugo de limón. Incorporar las claras de huevo bien batidas.

Freír en grasa 375

Escurrir y servir caliente con 10x de azúcar o un almíbar o salsa dulce.

93. Buñuelos de arce

Rendimiento: 24 Buñuelos

Ingrediente

- 3 huevos cada uno

- 1 cucharada de crema

- $\frac{1}{2}$ cucharadita de sal

- 2 tazas de leche

- 2 cucharaditas de polvo de hornear

- 4 tazas de harina

Combine el polvo de hornear y la sal con la harina y agregue la leche. Batir los huevos y la nata y mezclar con la mezcla de harina. Vierta cucharadas en grasa caliente, caliente a 370 * F y fríalo hasta que esté listo, aproximadamente 5 minutos. Sirva con jarabe de arce tibio.

94. Buñuelos de cereza con ron

Rendimiento: 6 porciones

Ingrediente

- ½ taza de harina para todo uso

- 2 cucharadas de azúcar glass

- ¼ de cucharadita de sal

- 1 libra   Cerezas con tallos

- Azúcar de repostería

- 2 huevos; apartado

- 2 cucharadas de ron

- $\frac{1}{2}$ taza de mantequilla clarificada

- $\frac{1}{2}$ taza de aceite vegetal

En un tazón mediano, mezcle la harina, las yemas de huevo, 2 cucharadas de azúcar en polvo, el ron y la sal para formar una masa suave. Tape y deje reposar de 1 a 2 horas.

Batir las claras de huevo hasta que estén firmes e incorporarlas a la masa.

Caliente la mantequilla y el aceite vegetal en una sartén grande a 360 grados F., luego baje el fuego.

Sumerja las cerezas en la masa y colóquelas en el aceite caliente.

Freír durante 3 minutos, o hasta que estén dorados.

Retirar las cerezas. Sumérgelas en el azúcar glass y sírvelas.

95. Suvganiot

Rendimiento: 20 o 25

Ingrediente

- 1 taza de agua tibia

- 1 paquete de levadura seca

- 1 cucharada de azúcar

- 4 tazas de harina para todo uso

- 1 taza de leche tibia

- 1 cucharada de mantequilla sin sal (derretida)

- 1 cucharada de aceite

- 1 huevo

- 2 cucharaditas de sal

- 3 cucharadas de azúcar

- Mermelada a tu gusto

- Azúcar y canela para espolvorear

Mezclar los ingredientes de la levadura y dejar reposar durante 10 minutos.

Mezclar la levadura junto con todos los ingredientes menos la harina. Mezclar lentamente la harina y trabajar bien. Deje reposar por 3 horas. Freír en aceite caliente y profundo, midiendo la masa con una cuchara grande.

Dar la vuelta una vez para que se dore uniformemente. Escurrir sobre toallas de papel. Cuando esté frío, rellenar con la mermelada y espolvorear con azúcar y canela.

96. Buñuelos de vino

Rendimiento: 4 porciones

Ingrediente

- 4 Rollos tipo barra

- 200 gramos de harina (1 3/4 tazas)

- 2 huevos

- $\frac{1}{4}$ de litro de leche

- 1 pizca de sal

- Grasa para freír

- $\frac{1}{2}$ litro de vino o sidra

- Azúcar al gusto

Combine la harina, los huevos, la leche y la sal en una masa. Corta los rollitos en 4 rodajas. Sumerja las rodajas en la masa y luego fríalas hasta que estén doradas.

Coloque los buñuelos en un tazón y vierta vino o sidra azucarados calientes sobre ellos. Deles tiempo para que absorban el vino antes de servir.

BUÑUELOS DE FLORES COMESTIBLES

97. Buñuelos de flor de saúco servidos con mousse de flor de saúco

Rendimiento: 4 porciones

Ingrediente

- Aceite de girasol para freír

- 8 Cabezas de flor de saúco; dependiendo del tamaño

- 180 gramos de harina común

- 1 cucharada de azúcar en polvo

- Una pizca de sal

- Ralladura fina de 1 limón

- 2 huevos

- 60 mililitros de leche

- 60 mililitros de vino blanco seco

- 1 rodajas de limón y azúcar glass

Tamizar la harina en un bol con el azúcar y la sal. Agregue la ralladura de limón y los huevos, y agregue aproximadamente la mitad de la leche y la mitad del vino. Empiece a batir los líquidos en la harina, incorporando gradualmente el resto de la leche y el vino para hacer una masa suave.

Una a una, tome las flores por sus tallos y sumérjalas en la masa. Levante y deje que el exceso de masa se escurra, luego deslícelo en el aceite.

Después de dos minutos, la parte inferior debe tener un color marrón dorado claro. Dar la vuelta a los buñuelos y dejarlos crujientes durante un minuto más. Escurrir sobre papel de cocina antes de servir.

98. Buñuelos de flores de diente de león

Rendimiento: 10 porciones

Ingrediente

- 1 taza de harina integral

- 2 cucharadas de aceite de oliva

- 2 cucharaditas de polvo de hornear

- 1 taza de flores de diente de león

- 1 pizca de sal

- 1 huevo

- Spray de aceite vegetal antiadherente

- $\frac{1}{2}$ taza de leche descremada

Esta variación de los panqueques utiliza las bocanadas amarillas del diente de león, una buena fuente de vitamina A.

En un tazón mezcle la harina, el polvo de hornear y la sal. En un recipiente aparte, bata el huevo y luego mezcle con leche o agua y aceite de oliva.

Combinar con la mezcla seca. Agregue las flores amarillas con cuidado, teniendo cuidado de no aplastarlas.

Rocíe ligeramente una plancha o sartén con aceite vegetal.

Caliente hasta que esté completamente caliente. Vierta la masa en la plancha a cucharadas y cocine como panqueques.

99. Buñuelos de flor de saúco

Rendimiento: 1 porción

Ingrediente

- 8 Cabezas de flor de saúco

- 110 gramos de harina común

- 2 cucharadas de aceite de girasol

- 150 mililitros Lager o agua

- 1 clara de huevo

- Aceite para freír

- Azúcar en polvo; tamizado

- Rodajas de limón

Tamizar la harina y la sal y mezclar hasta formar una masa con el aceite y la cerveza. Deje reposar en un lugar fresco durante 1 hora. Batir la clara de huevo hasta que se mantenga rígida. Doble el huevo justo antes de usar la masa.

Calentar un poco de aceite en una sartén profunda o en una freidora. Sumerja las cabezas de las flores en la masa y luego colóquelas en el aceite caliente humeante y fríalas hasta que estén doradas.

Escurrir los buñuelos sobre papel de cocina. Colocar en un plato, espolvorear con el azúcar glas tamizado y servir con rodajas de limón.

100. Buñuelos de pétalos de rosa

Rendimiento: 4 porciones

Ingrediente

- 1 de cada manojo de pétalos de rosa

- azúcar de repostería

- salsa dulce

Mezcle los pétalos y mezcle suavemente.

Echar en el aceite caliente y freír hasta que estén doradas.

Para freír: Sumerja trozos de comida en la masa. Freír en 3-4 pulgadas de grasa a 375 grados hasta que estén doradas.

Escurrir sobre papel toalla.

Espolvoree los buñuelos de frutas con azúcar impalpable o cubra con una salsa dulce.

CONCLUSIÓN

Dulce o salado, el humilde buñuelo es deliciosamente versátil. Crujiente y tibio de la sartén es nuestra mejor manera favorita de disfrutar el plato a base de masa, particularmente como parte de un desayuno de fin de semana.

Con un poco de cuidado, es fácil hacer buñuelos caseros que son un placer rico y decadente, adecuados para el desayuno, la cena, el postre o simplemente como refrigerio. Hay una amplia variedad de recetas de buñuelos en este libro para probar que seguramente complacerán a casi todos.

Antes de comenzar a hacer buñuelos, encuentre la masa adecuada que funcione para su cocina y su paladar. Pruebe esta receta básica de masa que usa aceite de coco de sabor ligero para darle un sabor refrescante. Mezcle su elección de diferentes rellenos, desde dulces y afrutados hasta carnosos y salados.

CPSIA information can be obtained
at www.ICGtesting.com
Printed in the USA
BVHW012118170422
634551BV00008B/201